Claudia Brigitte Weis

BING Pendel Schwing

Handbuch für werdende
Pendel Experten

FSC
www.fsc.org
MIX
Papier aus ver-
antwortungsvollen
Quellen
Paper from
responsible sources
FSC® C105338

BING Pendel Schwing

Handbuch für werdende
Pendel Experten

Impressum

Bibliografische Information der Deutschen Nationalbibliothek:
Die Deutsche Nationalbibliothek verzeichnet diese Publikation in der
Deutschen Nationalbibliografie; detaillierte bibliografische Daten sind
im Internet über http://dnb.dnb.de abrufbar.

© 2024 Claudia Brigitte Weis

Verlag: BoD · Books on Demand GmbH, In de Tarpen 42,
22848 Norderstedt
Druck: Libri Plureos GmbH, Friedensallee 273, 22763 Hamburg
ISBN: 978-3-7597-7008-0

1. PENDELN ALS WISSENSCHAFT

Auch ich stand am Anfang meiner Pendel Karriere etwas ratlos vor dem Ergebnis. Auch ich hatte mehrere Durchhänger, als ich feststellen musste, dass mich das Pendel mehr als nur einmal belogen hatte.

Zwischendurch stimmte die eine oder andere Aussage zwar, was mich allerdings nur noch mehr verwirrte. Also musste es einen schmalen Grad geben, an dem sich die Wahrheit versteckt hatte. Es musste einen Weg dorthin geben, um diesen schmalen Grad der Wahrheit dauerhaft zu betreten. Aber wie und wo war dieser?

Es gab ihn.

Allerdings darf jeder Pendelberufene sich höchst persönlich selbst auf den Weg dorthin begeben. Ich habe Jahre dafür gebraucht, um ihn zu finden. Und auch ich weiche zeitweise davon ab, wenn die Ereignisse meinen inneren Raum komplett in Anspruch nehmen. Dann ist das Ergebnis kein Blick mehr in die Zukunft, sondern ein Wunschkonzert meiner Vorstellungen wie das Ergebnis zu sein hat.

Eines Tages durfte ich erfahren, dass meine Hellsichtigkeit nicht etwa nur vom Pendeln kam, sondern auch von den diversen Meditationen und spirituellen Einweihungen, die ich im Laufe der Jahre vielschichtig genießen durfte. Und eigentlich wurde ich mehr oder weniger damit geboren.

Mehr oder weniger habe ich dabei gelernt mit den vielfältigen Energien und Emotionen in meinem Leben besser umgehen zu können.

Ich habe auch gelernt mich in so manchen Dingen besser zurück zu halten, damit nicht noch mehr Unheil geschieht, das ich eh schon so manches Mal angerichtet hatte aus Versehen. Ich kann nur jedem empfehlen, bevor er sich dem Pendeln widmet, erst einmal ausführlich zu lernen, mit dem Pendel ordnungsgemäß umzugehen.

Ich kann da eine Geschichte erzählen, die sich tatsächlich so zugetragen hatte. Allerdings glaubt mir dies sicher kein Mensch, denn es war zu kurios. Würde mir das einer sagen, würde ich ernsthaft an seinem Verstand zweifeln. Es hat sich aber genau so zugetragen. Und heute weiß ich, es war die Schule meines Lebens. Und außerdem kommt das eben davon, wenn man sich nicht ordentlich vorbereitet. Aber Geduld war noch nie meine Stärke.

Wie also soll ein verliebter, ungeduldiger Mensch, also ich, es schaffen, innerhalb von am besten sechzig Sekunden zu lernen mit einem Pendel über einer kosmischen Wählscheibe die Wahrheit und nichts als die Wahrheit zu erfahren. Absolut unmöglich.
Wie aber lernt man in Windeseile die Kunst des Pendelns ohne diesen gewaltigen Fluss der Fehlinformationen? Ehrlich gesagt, keine Ahnung.
Denn immer wieder sind wir dem Fehlerteufel ausgeliefert, der sich unweigerlich einmischt, wenn wir nicht gewillt sind, der Wahrheit Glauben zu schenken, auch wenn diese uns nicht gefällt.

Ich habe Jahre gebraucht, um es zu erlernen, falsch von richtig zu unterscheiden. Und noch heute mache ich Fehler, wenn mein Ego zu laut mitarbeitet.
Das fundamental Wichtigste ist es, seine Gedanken auszuschalten. Absolute Gedankenstille ist das A und O. Nur wenn in deinem Kopf der Kinofilm vorbei ist, wenn der Abspann vorüber und der Saal

leer ist, dann wirst du es schaffen, die in deinem Inneren aufsteigenden Worte leise zu hören, um ihnen Glauben zu schenken.

Du wirst auch im Laufe deiner Pendel Praxis erfahren, dass du nicht immer wissen wirst, ob das von dir Gesehene auch der Wahrheit entspricht.

Lass dich davon nicht unterkriegen, denn das ist im Prinzip nicht wichtig. Wichtig ist eigentlich nur, dass du dir selbst vertraust und das zu 100 Prozent. Auch wenn du nicht immer zu 100 Prozent richtig liegen wirst, wirst du doch mit deinen eventuell 80 oder 90 Prozent Wahrheit wirklich geholfen haben.

Bei meiner Arbeit als Beraterin bei der Polizei, helfe ich vermisste Personen zu finden. Es ist auch für mich stets eine Herausforderung über Telepathie mich mit der vermissten Person zu verbinden, um dann abzufragen, wo sie sich befindet, was sie um sich herum sieht, ob sie verletzt ist usw.

Mit dem Pendel kann ich auch den genauen Standort abfragen sowie die nicht unerhebliche Tatsache, ob die vermisste Person noch am Leben ist.

Ich bekomme auch nicht immer eine Rückmeldung. Ich erfahre es, Gott sei Dank, spätestens am nächsten Tag aus der Presse.

Glaubt mir das sind auch für mich aufregende Momente, in denen meine Emotionen durcheinander purzeln. Aber tief im Inneren weiß und spüre ich, dass die von mir empfangenen Informationen der Wahrheit entsprechen. Gott sei Dank bekomme ich von der geistigen Welt immer eine Uhrzeit genannt, wann die Erfolgsmeldung im Radio zu hören ist, oder es eine interne Entwarnung von der Polizei gibt, dass die angekündigte Suchaktion nicht mehr stattfindet, da die vermisste Person gefunden wurde.

Ich möchte hierbei noch anmerken, dass ich für die Öffentlichkeit stets anonym bleibe, da der Erfolgsdruck auf mich sonst zu groß werden würde. Ich könnte mich nicht mehr frei konzentrieren und das wäre fatal.

Auch bei Tieren, die vermisst werden, funktioniert Telepathie und Pendeln. Seele ist Seele und in der Matrix gibt es keine Türen. Ich selbst bin immer wieder überrascht von dem Ergebnis wie gut es funktioniert. Als Medium trägst du eine große Verantwortung und Macht und es ist an dir, diese nicht zu missbrauchen.

Wenn wir gelernt haben, unserer inneren Stimme Raum zu geben, werden wir staunen, wie viel Informationen sie uns gibt, damit wir sicher durchs Leben gehen können. Nur leider vertrauen nur wenige darauf und tun dies als unwichtig ab. Schade, denn es ist das Fundament auf das wir eigentlich aufbauen sollten. Verpasse nicht den Augenblick deiner inneren Stimme zu zuhören. Je mehr Aufmerksamkeit du ihr schenkst, umso sicherer wirst du, Wahrheit von Fiktion unterscheiden zu können.
Wenn ihr wüsstet wie kniffelig es ist, in den See der Gedankenstille zu kommen. Das ist wirklich harte Arbeit. Ich habe Tag und Nacht geübt. Tag und Nacht hinterfragt, das Besagte überprüft und auf die Gefühle geachtet, die in mir entstanden, durch die Informationen aus der geistigen Welt. Es ist tatsächlich so, dass jede Aussage ein bestimmtes Gefühl mit sich bringt. Und dann liegt es an dir, dass du herausfindest, was die Wahrheit ist.
Es wird dir mit der Zeit immer besser gelingen, glaube mir.
Aber du wirst auch Fehler machen und das ist ganz normal. Also verzweifle nicht. Es liegt eine wahre Wissenschaft dahinter.

Auf der nächsten Seite zeige ich euch meine erste Pendeltafel, mit der ich tatsächlich spirituell Lesen und Hören lernte. Ja hören. Irgendwann wird Schwingung so fein, dass man sie empfangen kann wie ein Radio. Besser gesagt wie ein Weltempfänger im wahrsten Sinne des Wortes. Und ich empfing ein Wesen aus der geistigen Welt, das zu meinem heiligen Lehrer und Begleiter wurde.
Er stellte sich mir als TAO vor und fortan waren wir zwei Verbündete, die die Welt ein bisschen besser machen wollten.
Es gibt Dinge zwischen Himmel und Erde die mit dem Verstand nicht zu begreifen sind. Allerdings, wenn du dich darauf einlässt, wirst du wahre Wunder erfahren.

Die ersten zwei Pendeltafeln sind aus dem Buch „Pendel – Welten" von Markus Schirner und im Schirnerverlag erschienen. Sämtliche Bilder in diesem Buch sind von mir gemalt worden. Ich hoffe sie gefallen dir. Die Pendel Tafeln sind aus Google.

Mach damit deine eigenen Erfahrungen, und genieße sie.

A B C D E F G H I J K L M N O P Q R S T U V W X Y Z

2. WARUM WIR ALLES WISSEN WOLLEN

Warum wohl? Weil wir alle neugierig sind. Und dank dieser
Neugierde haben wir uns auch weiterentwickelt. Haben neue
Interessengebiete erforscht und so manch nützliches
hervorgebracht. Es ist durchaus von Vorteil informiert zu sein.
Allerdings bringt diese Neugierde auch Gefahren mit sich, wenn
sie unkontrollierbar zum Zwang wird. Man kann es damit auch
übertreiben. Zuviel von allem ist stets ungesund. Vor allem ist die
Gefahr beim pendeln groß, die Realität völlig aus den Augen zu
verlieren, nur auf die Zukunft fixiert zu sein und damit die
Gegenwart komplett zu ignorieren.

Eine gewisse Selbstreflektion ist also von Nöten. Wenn nicht,
dann verlassen wir uns ohne Reflektion auf jede vom Pendel
getroffene Aussage. Werden unfähig Entscheidungen zu treffen
und ziehen uns so nach und nach vom Leben zurück. Und nicht
nur das. Wir werden unsicher und depressiv.

Der Pendel kann uns ein Wegweiser sein in schwierigen
Situationen. Eine Unterstützung wenn es um wichtige
Entscheidungen geht. Selbstverständlich kann der Pendel uns die
Entscheidung nicht abnehmen. Jedoch kann er uns dabei helfen,
neue Horizonte zu erforschen, die das Pendelergebnis
unterstreichen oder mit der finalen Entscheidung dazu raten,
noch etwas abzuwarten. In jedem Fall wird er uns helfen.

Allerdings schwierig, wenn man verliebt ist und unbedingt wissen
will wie es weitergeht, was der Partner denkt und fühlt und so
weiter. Dann hilft auch keine Selbstreflektion mehr. Dann sollten
wir es besser bleiben lassen zu pendeln, bevor wir großen
Schaden anrichten. Also aufgepasst ihr Experten da draußen.
Schon einmal etwas von Betriebs Blindheit gehört?

Um ansatzweise korrekt pendeln zu können, muss mein Gefühl
neutral sein und meine Gedanken still. Denn jegliche Emotionen
beeinflussen das Ergebnis.

Mit Schmetterlingen im Bauch kann man auch schon mal den einen oder anderen Treffer landen, doch im Allgemeinen ist das Ergebnis eher verwirrend.

Mit einer gewissen Übung und Routine wirst du im Laufe der Zeit mehr Sicherheit erlangen und die nötige Distanz zu eigenen Liebesthemen entwickeln. Wer sich in Liebesangelegenheiten festbeißt, der kann dabei auch schon mal den Verstand verlieren.

Du kannst auf der folgenden Pendeltafel prozentual herausfinden, wann es der beste Augenblick ist zu pendeln. Wie stark deine Pendelkraft im Moment ist. Und auch andere Dinge.

Wenn du dich nicht entscheiden kannst, dann frage nach zu wieviel Prozent du glücklich sein wirst, wenn du diesen oder jenen Weg einschlagen wirst.

Du kannst auch abfragen wie sicher dein Pendelergebnis ist. Der Fantasie sind keine Grenzen gesetzt. Einfach machen und Spaß daran haben. Je gelassener du an die Sache herangehst, umso mehr wirst du auch staunen, was dein Pendel dir alles zu sagen hat. Mache dir in jedem Fall Notizen, denn du wirst dir nicht alles merken können. Kaufe dir ein besonders hübsches Buch für deine Pendelergebnisse. Darin kannst du dir natürlich auch alle Fragen hineinschreiben, um sie zu einem späteren Zeitpunkt in aller Ruhe zu beantworten. Mache so wie du dich wohl fühlst. Es ist dein Pendel, deine Zeit, dein Leben und es ist einzig alleine dein persönliches Pendelbuch.

Die Pendeltafel ist ebenso aus dem Buch „Pendel-Welten" von Markus Schirner, erschienen im Schirnerverlag.

Pendel Tafel Markus Schirmer
Pendel - Welten

3. WARUM AUSGERECHNET ICH

Manchmal kommt man an einen Punkt in seinem Leben, in dem man aufgefordert wird, alles hinter sich zu lassen und neu anzufangen. Ohne Rücksicht auf Verluste knallst du erst einmal hart auf den Boden, um dann schmerzhaft wieder aufzustehen. Das ist das Erwachen. Allerdings ohne Sinn und Verstand. Denn hättest du die Zeichen zuvor wahrgenommen, die du so zahlreich bekommen hattest, dann hätte dein Leben wahrhaftig eine sanfte Wende genommen.
Allerdings sind es auch manchmal die Besonderheiten des Lebens, die du als störend empfindest, in der Hoffnung sie würden von alleine verschwinden.
Aber es geht halt eben gar nichts von alleine weg. Du kannst zwar wegschauen und die Zeichen ignorieren, verschwinden werden sie dadurch allerdings nicht.

Um den Super Gau zu vermeiden, empfiehlt es sich durchaus mit der Lösung eines anfänglichen Problems zu beginnen, auch wenn die Lösung noch nicht so wirklich vor deinen Augen erscheint. Auch hierbei kann das Pendeln dir dabei helfen Lösungsorientiert mit der Angelegenheit umzugehen. Anhand der Pendeltafeln kannst du herausfinden, durch was das Problem entstanden ist. Welche Ursachen es zum Vorschein brachten. Welches Verhalten dazu geführt hat und auch, ob eventuell eine karmische Ursache dahinter steckt oder ein uraltes Familienthema.

Natürlich bedarf es etwas Geduld und Muse. Allerdings ist es der Mühe wert, sich damit auseinander zu setzen.
Wenn du herausgefunden hast was deine Schwierigkeiten ausgelöst hat, dann kannst du anhand einer weiteren Pendeltafel herausfinden wie du das Problem lösen kannst und womit. Und dann fange einfach an mit den Antworten zu arbeiten. Und glaube mir der Einsatz lohnt sich.
Du wirst überrascht sein mit wie viel Eifer und Unterstützung das Universum dir zur Seite steht.
Du wirst nahezu ohne großen Aufwand lernen mit deinen Schwierigkeiten umzugehen, um sie in Lösungen zu verwandeln. Im Handumdrehen beginnen plötzlich die Dinge zu laufen. Wie

Dominosteine, die nach und nach umfallen, wenn du erst einmal den ersten Stein angestoßen hast, so werden auch deine Blockaden nach und nach von dir abfallen. Situationen werden wieder in dein Leben passen, zu dir gehören.
Es gibt keine unlösbaren Probleme. Es gibt aber eine Idee dazu wie du den Anfang finden kannst, um sie endgültig aufzulösen, damit du dein Leben so leben kannst wie es für dich bestimmt ist.

Auf der nächsten Seite findest du eine weitere Pendeltafel von Markus Schirner aus dem Buch Pendel-Welten erschienen im Schirnerverlag.
Ich liebe dieses Buch es hat mir so oft große Diente geleistet. Die Bilder hier in diesem Buch sind aus meiner Feder entsprungen und sollen das ganze etwas aufheitern.

Also los. Setz dich jetzt auf einen Stuhl, nehme einen Pendel in die Hand und hole dir dein Leben zurück.
Lass dich begeistern von der Art und Weise wie dir das Universum antwortet.
Und vergiss bitte nicht, dir Notizen zu machen. Denn dann kannst du zu einem späteren Zeitpunkt immer wieder einmal nachblättern, was das Universum dir zu sagen hatte und aufzeigen wollte.

Erfolg
Wahrheit
Untreue
Zukunft
Autorität
Partnerschaft
Männer
Frauen
Gott
Elternschaft
Gruppen
Menschen
Tiere
Hunde
Vögel
Insekten
Wasser/Meer
Höhen
Schiffe
Auto, Zug
Flugzeuge
Geschlossene Räume
Öffentlichkeit
Dunkelheit
Okkulte Dinge
Emotioneller Schmerz
Abhängigkeit
Existenz
Sexualität
Nähe
Versagen
Ablehnung
Armut
Veränderungen
Unglück
Glück
Tod
Krankheit
Physischen Schmerz
Gewalt
Grausamkeit
Mentalschaden
Einsamkeit
Verlassen werden
Kritik
Andere Angste

4. ERWECKE DAS MEDIUM IN DIR

Drum prüfe was sich ewig bindet. Und zwar ausschließlich mit einem wachen Geist und klarem Verstand, und nicht mit dem Pendel und seinem Ergebnis alleine.

Es sei denn, du hast es geschafft, deine Gedanken auszuschalten. Ich habe Jahre dazu gebraucht, und noch immer, wenn es um meine persönlichen Angelegenheiten geht, muss ich mich zusammen nehmen, damit mein Wunschdenken ausgeblendet wird.

Um dieser Falle zu entfliehen, gibt es eine sichere Methode.

Anhand dieser Pendeltafel kannst du herausfinden wie es um deine derzeitige Pendelenergie steht. Bitte das Universum oder deinen geistigen Vertrauten darum, dir auf einer Scala von 0-100 zu zeigen, wie hoch deine Pendelfähigkeit im Augenblick ist.

Das kannst du natürlich auch mit allen anderen Fragen genauso machen. Ich habe allerdings explizit nur für diese Frage eine Pendeltafel. Es ist mir sehr wichtig. Und alleine wenn ich diese Tafel schon sehe, bevor ich gefragt habe, stelle ich mich wertfrei auf das Ergebnis ein.
Es ist also eigens eine Energietafel, die sich auf mich sozusagen eingeschwungen hat, und dessen Ergebnis ich voll und ganz vertrauen darf.

Natürlich kannst du diese Pendeltafel nutzen, für was auch immer du willst oder dir auch deine eigene gestalten.
Ich spreche hier nur über meine Erfahrungen, damit dir der Weg etwas leichter gemacht wird, durch den Pendel -Dschungel. Und ich wünsche dir jede Menge Spaß dabei, diesen Dschungel zu erforschen.

10%
20%
30%
40%
50%
60%
70%
80%
90%
100%
110%
120%
130%
140%
150%

5. VON ALLEN GUTEN GEISTERN VERLASSEN

Ich habe herausgefunden, dass es besser ist mit mehreren
Pendeln zu arbeiten und diese nach jedem Gebrauch gründlich zu
reinigen, damit die alten Energien nicht daran haften bleiben und
das Ergebnis am Ende verfälschen würden.

Ich sehe mich in meinen Erinnerungen im Auto sitzen. Meine
Halskette mit meinem Ring daran hängend, pendelte ich über
meiner „kosmischen Wählscheibe" ununterbrochen fragend,
wann die Liebe meines Lebens endlich wieder zu mir
zurückkehrt.
Ich bekam allerdings Antworten, die ich zu diesem Zeitpunkt
sicher nicht hören wollte. Ich ignorierte sie einfach. Und pendelte
weiter in der stillen Hoffnung doch wenigstens eine brauchbare,
mir zuträgliche Antwort zu erhalten. Diese blieb allerdings aus.
Aber plötzlich passierte etwas Unbegreifliches. Etwas, das nur für
starke Nerven ist. Aber ich will es euch hier kurz erzählen. Nur
für den Fall, dass ihr gewappnet seid falls solche oder so ähnliche
Erlebnisse in euer Pendel – Erforschungsleben hineinplatzen.

Ich hörte wieder einmal nicht auf zu fragen und war
selbstverständlich mit keiner Antwort zufrieden. Da hörte ich eine
Stimme sagen:
„Warte drei Tage lang. Ohne Pendeln."
Ich hakte natürlich nach und fragte:
„Ganz ohne oder wenigstens 1 mal am Tag?"
Die Antwort ließ nicht lange auf sich warten.
„Drei Tage ohne Pendeln. Danach bekommst du alles gesagt."

Abgesehen davon, das es schon ziemlich verrückt war, mit einer
pendelnden Halskette im Auto zu sitzen, war es noch verrückter,
so eine Antwort zu erhalten. Wie sollte ich das aushalten
können?
Ich war mehr mit Pendeln beschäftigt als meinem Beruf im
Außendienst nachzugehen oder Auto zu fahren.
Also fragte ich noch einmal.
„Geht eventuell auch ein Tag?"
Der Pendel bewegte sich nicht mehr.

Ok dachte ich mir, vielleicht doch etwas zu unverschämt und
zaghaft fragte ich:
„Zwei Tage?"
Wieder keinerlei Pendel - Bewegung.
Ok, dann eben nicht. Schon etwas beleidigt ging ich an diesem
Tag meiner Arbeit nach und fragte mich ernsthaft, ob dieser, da
es ja erst Mittag war, schon als erster Tag gelten durfte. Denn es
ist schon lange hin, bis heute Abend und dann Morgen und
Übermorgen. Verdammt. Da musste ich wohl durch.

Ich brauche wohl nicht zu erwähnen, welch Höllenqualen ich
erleiden musste. Am zweiten Tag allerdings dachte ich mir, Gott
ist Liebe und er will, dass es mir gut geht. Und im Moment geh
es mir eben nicht gut. Wenn Gott Liebe ist, dann hat er auch ein
Einsehen mit mir. Also parkte ich vor einem Supermarkt, nahm
meine Halskette ab, zog die kosmische Wählscheibe hervor, und
traute mich nicht.
Ich starrte auf mein Lenkrad und fragte mich ernsthaft, was ich
hier eigentlich tue. Bin ich von allen guten Geistern verlassen?
Mein Kopf sagte eindringlich, schmeiß das alles weg und vergiss
den Kerl. Aber meine linke Hand, in der sich die Halskette
befand, hatte ein Eigenleben. Und fast gleichzeitig stellte sich mir
innerlich die Frage, kommen wir wieder zusammen? Und da
geschah das Unfassbare.
Die Halskette, mit der ich pendelte, bewegte sich keinen
Millimeter. Aber wie von einem Laserstrahl wurde sie durch die
Mitte getrennt, landete mit dem Ring und der unteren Hälfte
meiner Halskette auf meinem Schoß, während ich das obere
Kettenteil mit dem Verschluss in der Mitte haltend, verblüfft noch
immer in meiner Hand hielt.
Das war eindeutig.
Ich muss wohl eine Weile so dagesessen sein, bis ich begriff, was
da passierte. Aber eines kann ich euch versichern. Ich habe drei
Tage lang gewartet. Und nichts, aber auch rein gar nichts
angefasst, was sich auch nur annähernd zum Pendeln geeignet
hätte.
Mir war bis zu diesem Zeitpunkt überhaupt nicht klar welche
Macht ich in den Händen hielt und welche Macht der Himmel
über uns hat. Er wollte mich einfach nur beschützen und zur
Ruhe kommen lassen. Aber stellt euch das einmal vor, wie eine

Kette, ohne äußeren Einfluss durchtrennt wird, und auf eurem
Schoß landet. Wie ein Blatt Papier, einfach in der Mitte
durchtrennt an beiden Seiten zur gleichen Zeit.
Und ich hoffe sehr, der Himmel lässt euch an dieser Stelle eine
tüchtige Gänsehaut erleben, als Beweis dafür, dass meine
Schilderung der Wahrheit entspricht. Ich habe es wirklich so
erlebt.
Wie du siehst ist es völlig egal womit du deine
Pendelerfahrungen machst. Der Himmel wird dir stets zur Seite
stehen, aber du musst auch zuhören. Deine Ungeduld zügeln.
Eine Pause einlegen, wenn du merkst, dass du dich nur noch mit
Pendeln beschäftigst. Und das Wichtigste ist, den Anweisungen,
wenn sie denn erscheinen, auch Folge zu leisten. Es ist nur zu
deinem Besten.
Ich habe dir sicherheitshalber eine Tafel für den Besten Zeitpunkt
erstellt. Man weiß ja nie. Und glaube mir, es ist völlig
ausreichend nur mal eben abzufragen ob du Pendeln darfst in
dieser Angelegenheit.
Ich habe noch sehr viel mehr erlebt als nur eine durchtrennte
Halskette. Aber das ist Stoff für ein anderes Buch, das ich auch
noch schreiben werde.
Wobei wir beim Thema wären. Alles immer schön aufschreiben.
Und wenn du keine große Lust dazu hast, mach dir wenigstens
Stichpunkte. So lernst du mit dieser gewaltigen Gabe umzugehen
und sie sicher einzusetzen.
Nichts, aber auch rein gar nichts, geschieht ohne Grund.
Sei dir dessen stets bewusst. Auch das du dieses Buch hier in
den Händen hältst, geschieht aus einem ganz bestimmten Grund.
Also fang endlich damit an dir zu vertrauen. Bringe dich und
deine himmlischen Gaben ins Leben zurück. Du bist mehr als nur
dein physischer Körper. Du bist Licht vom Licht. Und mit einem
Pendel begeben wir uns in die Lichtfrequenz.
Je geübter du bist, umso mehr wirst du erfahren.

6. DAS MITTEL DER WAHL

Ich habe auch Edelstein - Pendel in meinem Sortiment, mit den
verschiedensten Wirkungen, die jeder Edelstein mit sich bringt.
Es ist ein wunderbares Gefühl, sich in die Energie des Edelsteines
hineinfallen zu lassen. Seine Energie zu spüren, um diese dann in
sein eigenes Energiefeld einzupendeln.
Es ist ratsam sich wirklich mit den Edelsteinen und ihrer
Wirkung auf Körper Geist und Seele intensiv zu befassen.

Ich litt damals so heftig an Panikattacken, dass ich mich weder
traute vor die Türe zu gehen noch einzuschlafen, aus Angst nie
wieder aufzuwachen. Ich entwickelte eine Angst vor der Angst
und verlor sooft das Bewusstsein, das ich schon eine Flatrate
beim Notarzt hatte und gefühlt ein Ticket ins Jenseits.
Es konnte mir keiner helfen. Ich versuchte alles klein zu spielen,
denn ich hatte ja auch Familie, die mich brauchte. Ich war viel zu
oft überfordert und hielt den Druck, der von allen Seiten auf
mich einschlug, nicht mehr aus.
Eltern, Mann, Kinder, Schule, ich studierte und musste nebenbei
auch noch arbeiten. Lügen, Hetze, Hass, Streit, Geldsorgen, ich
brach zusammen. Und das immer wieder. Mein Körper hörte
einfach auf zu funktionieren, aber mein Geist überlebte und
wollte da raus.
So kam ich durch Zufall an einen rettenden Engel der auch noch
rein zufällig eine Heilpraktikerin war und Familien Aufstellungen
machte. In unserem ersten Gespräch empfahl sie mir einen
Schneeflocken - Obsidian als Heilstein immer bei mir zu tragen.
Und so kam ich an die wunderbare Kraft der heilenden
Edelsteine.
Und auch ich heilte. Und mit mir auch alle anderen. Soweit sie
Heilung zulassen konnten, versteht sich.

Wenn du mit der heilenden Edelsteinapotheke in Berührung
kommst, bleibt dir nichts mehr verborgen. Du wirst geführt
werden bis du so nach und nach in deiner Heilung von Körper
Geist und Seele die Zusammenhänge erkennen wirst, warum
dieses Blockaden entstanden sind, die dich so krank gemacht
haben. Ich verspreche hier keine Wunderheilung, aber ich lege
es dir ans Herz, dich damit zu beschäftigen. Es wird deinen

Heilungsprozess unterstützen und dir neue Denkanstöße für deinen Lebensweg geben. Was du daraus machst ist selbstverständlich deine Sache. Aber ein Versuch ist es wert. Ich habe mir mit so einige Edelsteinen meiner Wahl eine Heilsteinapotheke gemacht. Ein Samtsäckchen mit all meinen Schätzen darin. Wenn mir danach ist ziehe ich einen Edelstein heraus und lese dessen Bedeutung nach. Was soll ich sagen. Es passt immer und hilft mir weiter.

Mittlerweile habe ich meine Panikattacken komplett verloren. Habe den Motorrad Führerschein gemacht, und bin in zwei Wochen 2300 km damit gefahren. Es waren sicher nicht die Heilsteine alleine. Auch mein unbedingtes Wollen und einige häusliche Veränderungen sowie Kurskorrekturen waren ebenso nötig dazu. Eine andere Lebenseinstellung und viel Natur sowie gesundes Essen taten auch ihr Übriges dazu. Vielleicht mussten diese Erfahrungen auch sein, um sie weiterzugeben.
Um damit denen helfen zu können, die das Leben mut – und willenslos machten.
Es gibt immer einen Weg.

Es ist auch immer wieder interessant mit welcher Treff - Sicherheit bei der Auswahl der Steine, der Himmel uns stets hilfreiche Unterstützung zuteilwerden lässt.
Du kannst mit deinem Pendel dir sagen lassen, welches Thema du als erstes angehen darfst. Der Erste Schritt hinaus aus dem Dilemma. Und dann wird dir der Himmel den nächsten Schritt aufzeigen und nächsten und so weiter.
Wenn du klar und freien Herzens erfragst, was deinen Lebensweg derzeit blockiert und wohin dein Seelenplan dich führen wird, wird der Himmel ohne Zögern dir eine Antwort geben.
Wenn du wissen willst, womit du zur Ruhe kommen kannst. Wie du es schaffst, ohne kreisende Gedanken, endlich wieder einzuschlafen. Dann nimm die folgende Pendeltafel und halte den Pendel deiner Wahl darüber. Die Edelseine helfen dir.

Jaspis
Amethyst
Aquamarin
Bergkristall
Fluorit
Mondstein
Karneol
Türkis
Citrin
Rosenquarz
Kyanit
Aventurin
Angerhofer 24

7. EDELSTEIN HEILPENDEL

Das Schöne an den Edelsteinen ist, dass sie nicht nur
bezaubernd aussehen, sondern auch jede Menge Eigenschaften
haben, die sehr hilfreich sind. Darüber hinaus haben sie
tatsächlich auch Heilkräfte, die spürbar werden, wenn wir damit
arbeiten.
Auch Edelsteinwasser zu trinken, um dessen Wirkung durch
unseren Körper fließen zu lassen, kann sehr heilsam sein. Es gibt
auch bereits fertige Heilsteine - Mischungen in allen nur
erdenklichen Variationen zu kaufen.
Ich selbst habe mir zuerst eine Diät - Mischung zugelegt. Sie
entschlackt und reinigt den Körper, so dass als Nebeneffekt die
Pfunde nur so purzeln. Die Diät - Mischung besteht aus dem
Magnesit, dem Bergkristall sowie dem roten Jaspis.

Um ein Heilsteine Wasser anzusetzen, braucht man einen
Wasserkrug, in den man die Steine hineinlegt und den Krug mit
Wasser befüllt. Mit der Zeit entstehen kleine Wasserperlen im
Krug, ein Zeichen dafür, dass das Wasser energetisiert ist. Je
weniger Wasserperlen, desto weniger Energie. Daher öfter mal
die Steine abwaschen und im Sonnen oder Mondlicht aufladen.

Das ganze ziehen lassen und dann trinken. Maximal eine Woche
lang. Danach sollte man eine Pause einlegen.

Ich habe mein Edelsteinwasser abends angesetzt und morgens
getrunken. Allerdings gar nicht mehr bewusst daran gedacht, das
es eine Diät - Mischung ist. Ich kann euch sagen, diese Mischung
hat es in sich.
Zunächst reinigt sie den Darm und steigert das Wohlbefinden im
Magen und nicht nur dort. Dessen Folge ein nicht nur reduzierter
Appetit ist, sondern auch die gesteigerte Lust auf gesunde
Nahrungsmittel.
Es ist tatsächlich ratsam diese Mischung nur eine Woche lang zu
verwenden. Nach einer Woche kann die Kur erneut wiederholt
werden.

Jeder Stein hat eine Magie, die anziehend wirkt auf dessen
Benutzer. Natürlich haben das auch die bereits zuvor

zusammengesetzten Edelsteinmischungen. Egal welche Wahl du triffst, es wird die richtige sein.
Wenn du Heilsteine - Wasser trinkst, solltest du unbedingt zuvor nachlesen wie oft und wie lange du das Wasser trinken darfst. Ich habe das nämlich nicht getan und mich gewundert warum mein Körper Reaktionen zeigt, die so gar nicht beschrieben waren.
Es gibt auch Heilsteine, dessen Wasser man besser nicht trinken sollte, da sie zu Vergiftungen führen können. Genauso gut gibt es auch Heilsteine - Mischungen die man als Filter sogar bedenkenlos in die eigene Trinkwasseranlage einbauen lassen kann. Wie gesagt, Informieren hilft.

Nützlich ist ein Buch über Wasser - Heilsteine und deren Gebrauch. Du kannst aber auch einen Edelsteinpendel nehmen und dein Wasserglas damit energetisieren, indem du den Pendel darüber schwingen lässt.
Bitte ihn darum seine Heilkräfte in dein Wasserglas fließen zu lassen. Das geht natürlich auch ohne darum zu bitten, aber ich persönlich finde es schöner.
Dann trinkst du das Glas schluckweise über den Tag verteilt aus.

Es gibt so viele Anwendungsbereiche und Möglichkeiten, in denen uns die Edelsteine in ihrer Wirkweise unterstützen. Es werden sich dir eine Reihe von Erkenntnissen offenbaren, wenn du dich regelmäßig damit befasst.
Im Laufe der Zeit wirst du dir einen wirklichen Edelstein -Schatz angesammelt haben.

Auf der kommenden Seite habe ich dir eine Pendeltafel eingefügt, in der du, den für dich im Moment am wichtigsten Edelstein finden kannst.
Farbliche Bilder von Heilsteinen auf Basis der 7 Hauptchakren im Kreis gelegt, können dir auch wertvolle Hinweise für deine Gesundheit beim Auspendeln geben.

8. ARZT ODER HEILPRAKTIKER

Wie du weißt ersetzt die Energiearbeit weder Arzt noch Heilpraktiker. Energiearbeit ist frei von Heilversprechen jeglicher Art.
Jedoch wird sie dich unterstützen, auf deinem Weg der Heilung, wenn du diese Methode auch ernst nimmst. Ich habe so viel ausprobiert. Musste im wahrsten Sinne des Wortes erst einmal lernen falsche Geister von guten zu unterscheiden. Und hätte mir mein Ego mich nicht ständig vom richtigen Weg abgebracht, wäre es sicher sehr viel leichter gewesen.
Ich wollte immer nur eines wissen. Die Wahrheit, die reine Wahrheit und nichts als die Wahrheit, die irgendwo da draußen sein musste. Mein Drängeln führte zu voreiligen Schlüssen und ich begab mich dadurch auf den falschen Weg. Ich wollte einen Beweis für die Existenz der geistigen Welt. Eine Bestätigung dafür, dass der Himmel existiert. Ich wusste es, ich fühlte es. Immer wieder gab es Momente, in denen ich mir sicher war, im direkten Kontakt mit den Himmlischen Mächten zu stehen.
Es war so, als wurde ich hineingeführt und wieder hinausgeworfen. Ich suchte nach dem Schlüssel, der mir den ständigen Zutritt gewährte. Ich wollte in dieser Welt umher reisen, um Antworten auf die Fragen zu bekommen, die so viele Menschen suchten. Ich wollte allen diesen Menschen ein Licht sein in ihrer finsteren Welt.
Ich wollte mein eigenes Licht finden, um in die Welt hinaus zu strahlen, hinaus zu rufen, kommt alle her, hier ist der Schlüssel der Wahrheit.

Ich reiste umher in der Zeit, in der ich es irgendwie schaffte dorthin zu gelangen und habe viel Lehrgeld bezahlt.

Ich begegnete guten und bösen Geistern, Scharlatanen und Wichtigtuern. Selbstmördern und verirrten Seelen. Wo das Gute ist, ist auch das Böse nicht weit. Denn das eine kann ohne das andere nicht sein. Wo Licht ist, da fällt auch Schatten.
Die Frage ist, wo stellst du dich hin. In das Licht oder in den Schatten? Wem wirst du dein Vertrauen schenken?
Und wieder gibt es darauf keine sichere Antwort. Aber einen wichtigen Hinweis wirst du erhalten, den die meisten von uns

leider immer wieder übergehen oder als unwichtig abtun. Die Biochemie in uns reagiert auf Gedanken mit einem Gefühl.
Das ist der sogenannte Christus in uns oder wie er auch heißen mag.

Achte auf dieses Gefühl und seine Botschaft. Sie ist die einzig wahre Antwort. Unser Navigator im Dschungel der vielen Energien, die tagtäglich auf uns einströmen. Achte wirklich auf dein Gefühl. Denn es wird dich sicher leiten.
Hat nicht jeder von uns schon einmal den Satz ausgesprochen: „Das habe ich vorher schon gewusst"?
Denke einmal darüber nach. Sicher hast du dein ungutes Gefühl dabei so zu handeln übergangen und wunderst dich jetzt über das Ergebnis. Ganz ehrlich. Du weißt, dass du dir das alles hättest ersparen können, durch die Aufmerksamkeit in deine Gefühle.

Allerdings wirst du dabei auf ein heftiges Problem stoßen, genannt EGO! Oder dein unbedingtes Wollen etwas zu erreichen, was andere gut finden, dir Ansehen verschafft, dich aber weder glücklich noch gesund erhalten wird. EGO leb wohl! Der ewige Besserwisser in uns braucht dringend ein Update, damit wir in Zukunft besser zusammenarbeiten können.

Rückblickend mit einem Schmunzeln kann ich heute leicht sagen, dass ich keinen Tag vermissen wollte. Denn in dieser Zeit war ich dem Himmel so nah wie nie zuvor. Alles war neu und aufregend. Unglaublich spannend.
Was ich alles erleben durfte, war tatsächlich nicht von dieser Welt.
Gruselig, lustig und unendlich lehrreich.

Aber tatsächlich waren es genau diese Erfahrungen, die mich gelehrt haben die Wahrheit zu finden. Ich wurde zur Frau, zu dem Medium, das ich heute bin. Und ich erhielt ihn! Den KEY CODE zur Matrix. Den Schlüssel zur Unendlichkeit. Glaube mir, auch du kannst ihn bekommen. Allerdings wird er dir nicht geschenkt.
Dein Seelenplan hat etwas Besonderes für dich vorgesehen, denn sonst würdest du das hier nicht lesen. Es ist an der Zeit, deinen

eigenen Zugang zu finden. Deine Flatrate in die Himmlische Welt der Wunder. Du hast die Wahl. Es ist einzig alleine deine Entscheidung. Glaube mir, du brauchst keine Angst davor zu haben, denn du wirst nie tiefer fallen als in die Arme Gottes.

Nimm dir eine Pendeltafel deiner Wahl. Du findest auch im Internet zahlreiche wunderschöne Pendeltafeln, zu allen Themen, die du dir nur vorstellen kannst. Lass dich führen und begleiten von deinen Himmlischen Helfern und Beschützern.
Und du wirst staunen, welchen überraschenden guten Einfluss sie auf dich haben werden.
Das ist die Medizin, die du jetzt brauchst um als Mensch in Körper, Geist und Seele wieder zu heilen. Ganz zu werden und zu sein.
Heute ist der beste Tag für den Rest deines Lebens. Nimm dich selbst bei der Hand und führe dich wieder nach Hause, in deine eigene kleine Welt in deinem Inneren. Denn nur da findest du die Stille und die Ruhe, die du brauchst.
Manchmal ist es auch die Ruhe vor dem Sturm. Aber wie du weißt, hast du ja einen sicheren Navigator in dir. Nutze ihn auch, denn du hast ihn ja schließlich nicht umsonst.
Er wir dich sicher durch jeden Sturm, durch jedes Labyrinth, durch jede Gefahr leiten, wenn du nur aufmerksam hörst und danach handelst.

Auf der nächsten Seite findest du eine Pendeltafel, die dein Leben einfach ein bisschen leichter und schöner machen soll.
Habe Spaß, viel Spaß damit. Und vergiss nicht dir Notizen darüber zu machen, auch wenn es dir schwerfällt im Moment.

34

9. DIE FRAGE DER LIEBE

Das gemeinste und schönste Kapitel überhaupt. Haben wir denn nicht alle die Sehnsucht nach der einen großen ewigen Liebe. Wenn wir jemanden kennenlernen, neigen wir dazu sofort alles über ihn oder sie wissen zu wollen. Wir suchen nach der Sicherheit, um den nötigen Mut aufzubringen, sich auf eine neue, oder überhaupt erst einmal, uns auf Liebe einzulassen.
Leider hat uns keiner gezeigt wie wahre Liebe funktioniert und was wahre Liebe tatsächlich bedeutet und woran ich überhaupt erkenne, dass ich aufrichtig geliebt werde.
Vielmehr nehmen wir unsere Eltern als Vorbild in Bezug auf Liebe und Partnerschaft und das ist nicht unbedingt immer das Beste. Oft sind Streit und kein besonders netter Umgang untereinander an der Tagesordnung. Und so lernen wir, dass es in Ordnung ist, wenn wir beleidigt, gedemütigt, manipuliert und übergangen werden. Dass es besser ist, klein bei zu geben damit wir nicht verlassen werden, anstatt für sich selbst einzustehen und toxische Beziehungen sofort zu verlassen.
Ein gewisses Potential an Unstimmigkeiten ist natürlich auch wichtig und richtig. Da wir unsere Ansichten, Gewohnheiten Träume und Wünsche in eine Partnerschaft mit hineinnehmen. Da ist es nur natürlich, dass es auch manchmal kracht.
Allerdings sind wir in einer gesunden Beziehung auch bereit Kompromisse einzugehen. Wenn das nicht der Fall ist, wird einer der Partner schnell zum Diktator und der andere zum Untertan. Wir sehnen uns alle nach der bedingungslosen Liebe und landen doch so oft in einem Feld aus Manipulation, falschen Kompromissen oder ungewollter Vaterschaft. Für finanzielle Sorgenfreiheit ist uns kein Weg zu schade.
An dieser Stelle sei eindeutig gesagt, dass sich trotz aller Bemühungen, solch eine geschlossene Partnerschaft oder Ehe früher oder später trennt.
Was nicht aus Liebe geschieht, sondern aus faulen Kompromissen, ist dem Untergang geweiht. Und so geschieht es eines Tages auch.
Jeder von uns Menschen war bereits Opfer oder Täter. Und es macht auch keinen Sinn, mit dem Finger auf andere zu zeigen. Jede frisch begonnene Beziehung bringt auch das Risiko mit sich, geliebt zu werden. Ja, geliebt zu werden. Glaube mir, wenn dir

eines Tages die Liebe deines Lebens in die Augen schaut, wirst du bereit sein. Bereit dafür zu lieben. Bereit dafür Gefühle zuzulassen und anzunehmen. Bereit frei zu sein in deinem Denken etwas zu kontrollieren, manipulieren oder am Ende durch eine Schwangerschaft zu erzwingen.
Wenn du das Risiko nicht eingehst geliebt zu werden, wirst du nicht frei sein von Schmerzen.
Nur unglücklich über deine Einsamkeit. Und wir weigern uns strikt, diese Wahrheit anzuerkennen.

Nutze die Pendeltafel und finde heraus, was dich blockiert. Was du an altem Ballast abwerfen darfst. Wie du es schaffst, frei zu werden für die ganz große Liebe.

Verrat
Ausschluss
Demütigung
Liebe
Emotionaler Mangel
Keine Anerkennung
Abgewertet
Verlassen worden
Reinkarnation
Alters
Vorgeburtlich
Kind/Baby < 12
Jugendlicher < 18
Erwachsener < 40
Erwachsener < 60
Erwachsener > 60
Nein
Ja
0
−
−−
+
++
+++
Ablehnung
Trennung
Gleichgültigkeit
Zurückweisung
Verantwortung
Missbrauch
Enttäuschung
Ungerechtigkeit
Auflösung
Unverstanden
Freiheitsentzug
Machtlosigkeit
Denkmuster
Glauben-bezogen
Karma-bezogen
Andere
0 5 10 15 20 25 30 35 40 45 50 55 60 65 70 75 80 85 90 95 100
ANGORRAGE 124

10. WAS DENKT MEIN PARTNER

So oder so ähnlich wird deine erste Frage sein, wenn Amors Pfeil dich getroffen hat. An meine erste Frage dazu kann ich mich gar nicht mehr erinnern. Aber sicher war diese auch dabei. Es ist einfach zu verlockend das Universum in Liebesdingen zu befragen. Und sehr gefährlich, wenn man blind darauf vertraut. Da dein Verstand in diesem Moment abschaltet und dein unbedingtes Wollen sich einschaltet, ist das äußerst mit Vorsicht zu genießen. Du kannst davon ausgehen das die Fehlerquote nicht gerade gering ausfallen wird.

Denn tatsächlich können wir das Pendelergebnis geistig beeinflussen. Es ist besser in eigenen Liebesangelegenheiten den nötigen Abstand zu wahren.

Wenn du geübt darin bist dich von deinen eigenen emotionalen Geschehnissen zu distanzieren, kannst du freilich fröhlich drauf los pendeln. Wir wollen jetzt mal Naturtalente außen vor lassen, denn die gibt es immer wieder.

Mit stoischer Gelassenheit pendeln diese ihr Leben schön. Respekt und Anerkennung. Aber wir müssen in der Regel uns diese Gelassenheit erst hart erarbeiten. Und das ist in Liebesangelegenheiten, die einen selbst betreffen, fast aussichtslos.

Und dazu gehört es eben viel zu üben.

Allerdings gibt es auch Pendeltafeln, die dir dabei helfen wenn es unbedingt sein muss, das „Liebesereignis" zu überprüfen.

Wenn du es vermeidest ja/nein Fragen zu stellen, wirst du staunen, was sich dir offenbart.

Diese Tafeln kannst du dir selbst gestalten. Fragen prozentual zu beantworten hat sich dabei besonders gut bewährt und ist daher nur zu empfehlen.

Dein Unterbewusstsein wird sich in diesem Fall nicht einmischen und dir sinnlos dazwischenfunken.

Mache dir auch Tafeln mit einem im Kreis gestellten Antworten.

Du kannst auch nach Uhrzeiten, Tagen, Monaten und Jahren abfragen wie lange ein Ereignis noch auf sich warten lässt. Ja sogar erfragen zu welchen Jahreszeiten das Gewünschte oder Ersehnte eintreffen wird.

Sei erfinderisch.

Hauptsache der Spaß geht dabei nicht verloren.

Du kannst dir auch Karten basteln mit ja - nein - vielleicht -
später - nie - oder was auch immer. Diese legst du dann
verdeckt vor dich hin und pendelst aus welche Karte es sein soll.

Auf der folgenden Seite findest du eine Pendeltafel die dich in
Liebesfragen hoffentlich etwas weiter bringt.

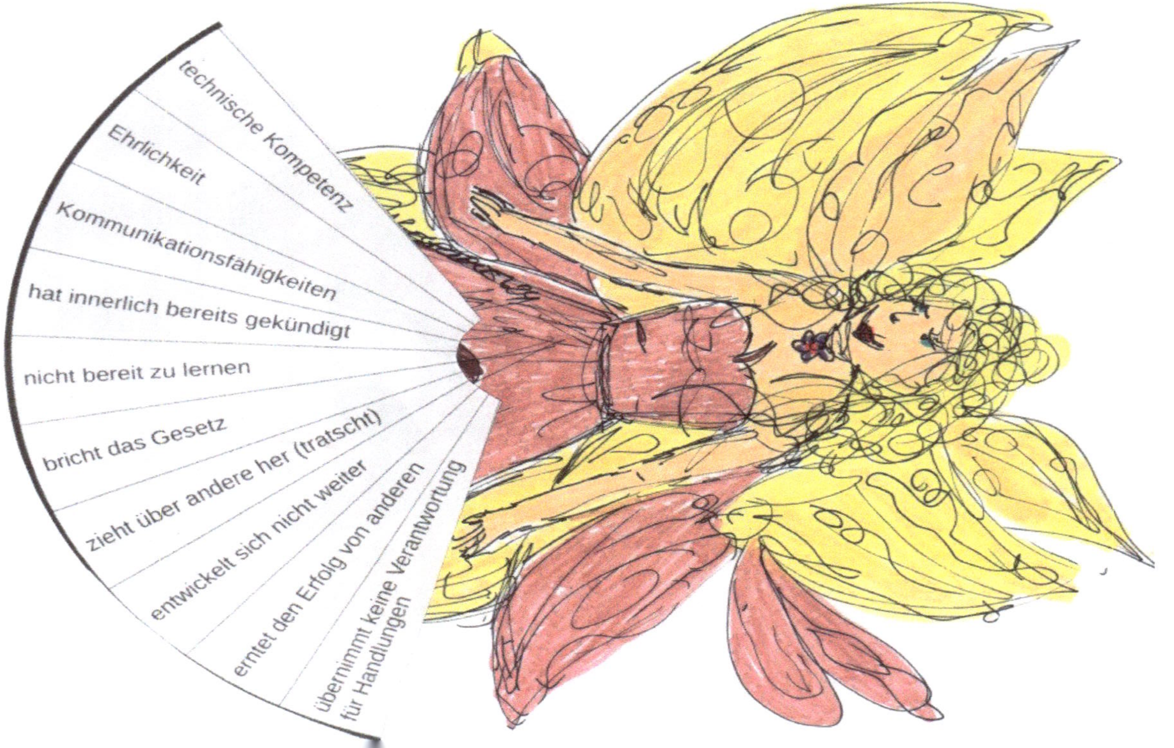

technische Kompetenz
Ehrlichkeit
Kommunikationsfähigkeiten
hat innerlich bereits gekündigt
nicht bereit zu lernen
bricht das Gesetz
zieht über andere her (tratscht)
entwickelt sich nicht weiter
erntet den Erfolg von anderen
übernimmt keine Verantwortung für Handlungen

11. INSPRIATION

Lass dich inspirieren von den Begebenheiten des Lebens und freue dich über jede Herausforderung. Denn all dies sind nur Hinweise darauf, wie du es schaffst in diesem Leben so zu sein, wie du es dir vorgenommen hast.
Meistens wissen wir gar nicht, was wir uns vorgenommen haben. Aber eine vage Vermutung existiert in jedem von uns. Durch das Gefühl werden wir sicher geleitet. Denn alles, womit wir uns wohlfühlen, alles das, was wir innerlich als warm und wohlig empfinden, ist der für uns richtige Weg.
Welche Wellen wird dein Leben schlagen, wenn du erst einmal begriffen hast, dass niemand anderes außer dir am Ruder des Lebens sitzt.
Wenn du schon einen wirklich schönen Gedanken in dir hast, dann male ihn in den schönsten Farben aus. Lasse dir Zeit dabei. Schaue dir immer und immer wieder das von dir soeben Erschaffene an.
Korrigiere es, wenn nötig, und achte besonders darauf wie du dich dabei fühlst.
Denn wie du soeben gelernt hast, entscheidet dein Gefühl was gut für dich ist. Und nur dein Gefühl.
Glaube mir, dein Kopf lässt dich gegen die Wand laufen, aber dein Gefühl wird dich vor genau dieser Wand warnen. Und zwar eindeutig.
Du kannst diese guten Gefühle als Energie auch in deine Zukunft einpendeln. Als Warnsignal, wenn es Zeit wird, eine schöpferische Pause einzulegen. Oder wenn du etwas mehr Zeit brauchst, für eine Entscheidung oder ein wichtiges Projekt, das ansteht und du die richtige Richtung jetzt noch nicht weißt.
Oder für ein Vorstellungsgespräch, da du bisher immer sehr aufgeregt zu solchen Gesprächen hingegangen bist.

Du kannst deinen Pendel über die entsprechende Begebenheit laufen lassen, mit der Bitte um Vertrauen und Gelassenheit oder über eine Pendeltafel erfragen, was du im Moment brauchst, um diese Ruhe und Gelassenheit zu erlangen.

Wenn du über eine Situation Ruhe und Gelassenheit oder was auch immer einpendelst, wird er sich so lange drehen, bis das Besagte in dein Energiefeld eingeströmt ist.

Mache dir eine Pendeltafel, mit den Eigenschaften, die du jetzt und in Zukunft erfahren möchtest. Das kann Liebe, Glück, Gesundheit, Harmonie, Geld oder auch eine feste Partnerschaft sein.

Dem Erfindergeist sind keine Grenzen gesetzt. Probiere aus, was zu dir passt und schreibe alles an Erfahrungen in dein Erlebnisbuc

arbeitet ethisch
flexibe
zielstrebig und beharrlich
Teamplayer
Problem-Löse-Fähigkeiten
Loyalität
Bereitschaft, sein Wissen zu teilen
vorausschauend
hat Führungsqualitäten
ambitioniert
selbstbewusst

12. SPIRITUELLES ABFRAGEN

Darunter versteht man zum Beispiel Fragen, die sich mit den Chakren, den Meridianen, Engeln oder aufgestiegenen Meistern befassen.
Diese werden jeder für sich abgefragt, um herauszufinden wo es eine Blockade gibt. Oder welcher Engel uns momentan zur Seite steht. Dessen Energie wir in uns integrieren dürfen. Oder um dessen Schutz und Hilfe wir bitten dürfen.
Die Antwort ist schnell herausgefunden, wenn du deinen Pendel über einen Kreis mit verschiedenen Engeln und Erzengelnamen laufen lässt, mit der Bitte dir zu zeigen, welcher Engel oder Erzengel im Moment für dich zuständig ist. Beziehungsweise aufgestiegener Meister und so weiter.
Arbeite dann auch eine Zeit lang mit ihm zusammen, damit du in deinem Leben auch weiterkommst und den Spirit in dir festigen kannst oder dich mehr traust, dich dafür zu öffnen.

Es gibt noch andere Dinge, die du über das Pendel erfahren kannst. Wenn du ein Fan von Akkupunktur oder Akupressur Bist, kannst du über einem Pendelatlas die Punkte filtern, an denen eine Akupressur oder Akkupunktur sinnvoll ist. Selbiges kannst du dann an deinem Körper, sofern du an die markierte Stelle auch herankommst, für einige Minuten lang selbst fest drücken oder mit einem entsprechenden Gerät punktieren, wenn du geübt genug bist.

Auch kannst du an einem Wirbelsäulenmodell den Pendel schwingen lassen. Oder über deinem Auge, einem Ohr und so weiter.
Mit der Bitte um Unterstützung für deine Heilung, wirst du dann an alle möglichen Menschen, Dinge oder Begebenheiten geführt werden, die zu deiner Heilung beitragen.
Sei unverkrampft und löse dich aus der Vorstellung der einseitigen Materie.
Denn wie wir gelernt haben, ist alles Licht und Information.

Du wirst überall zahlreiche Möglichkeiten finden, Blockaden zu lösen, die deinem Heilungsprozess im Weg standen. Darüber hinaus kannst du mit dem Pendel erfragen, was für ein homöopathisches Mittel du für eine Weile nehmen kannst, um weiter zu kommen in deinem Weg der Heilung.

Wenn du Fragen zu diesem Thema hast, dann benutze die ja / nein Tafel, um in diesem Ausschlussverfahren das richtige Mittel für dich zu finden.
Frage auch wie lange, wie viel und wie oft am Tag, du die Globuli einnehmen sollst.

Vielleicht ist die Antwort auf deiner Pendeltafel, als Mittel der Wahl auch nur, dass du einen Spaziergang in der Natur oder eine schöne Meditation machen sollst.
Vielleicht auch Bachblüten oder Aura Soma Essenzen. Meister Essenzen oder Stille.
Ätherische Öle, Farben, ein heißes Bad, ja selbst den Badezusatz kannst du erfragen. Alles ist möglich und alles ist real. Vertraue dir und handle auch danach.

Als Pendeltafel - Beispiel ist auf der nächsten Seite ein Kreis der verschiedenen Bachblüten aufgeführt.
Vielleicht hast du ja Lust einmal darüber zu pendeln.

13. URSACHENFORSCHUNG

Wenn Krankheiten dauerhaft zum Problem werden und einfach
nicht verschwinden wollen, dann unterstütze dich mit dem
Auspendeln der möglichen Ursache, die diese Krankheit
entstehen ließ.
Was bedeutet das im Klartext?
Du kannst mit einer entsprechenden Tafel abfragen, ob der
Auslöser etwa in der Kindheit, der Familie der eigenen
Lebensweise, langanhaltendem Stress oder aus körperlicher
Überforderung oder ähnlichem entstanden ist.
Vielleicht sind es auch Themen, die du als Karma mit auf die
Erde gebracht hast. Oder deine Eltern und Vorfahren mussten
diese Themen ebenfalls erleben.

Jetzt hast du die Gelegenheit, genau dieses Thema aufzulösen.
Ihr Entstehen zu analysieren und zu heilen. Es gibt reichlich
Pendeltafeln im Internet zu finden, mit denen du arbeiten
kannst.
In diesem Buch findest du eine Auswahl der Pendeltafeln, mit
denen ich gerne gearbeitet habe.
Es gibt jedoch noch viel mehr davon. Und wie gesagt, du kannst
dir auch eigene Pendeltafeln, mit denen dir wichtigen Themen
erstellen.

Und vergiss es nicht, auch wenn ich dich jetzt damit vielleicht
nerve. Mache dir immer wieder Notizen. Denn gerade zu Anfang
sind diese unglaublich wichtig für dich.
Im Nachhinein wirst du wissen warum.

Anbei nun eine weitere Pendeltafel mit karmischen Ursachen
einer Befindlichkeitsstörung.

Heilendes Symbol
Heilsteine
Homöopathische Globuli
Blütenessenzen
Mineralstoffe / Vitamine
Ätherische Öle
Aura-Soma Quintessenz
Aura-Soma Pomander
Schüssler Salze
Chakrablüten Essenzen
Frequenzen
Magic Words
Seelenfarben
Solfeggio - Frequenzen
Energiefeld
Isotop

48

14. HEILENERGETISCHES PENDELN

Ganzheitlich gesund zu werden und bleiben, sollte eines unserer wichtigsten Ziele im Leben sein. Und dafür darf es auch gerne eine ganzheitliche Therapie sein.
Energetisches Heilen unterliegt wie gesagt keinem Heilsversprechen. Allerdings gibt dieses Heilversprechen auch kein Arzt oder Heilpraktiker.
Ich habe oft genug von meinen operierten Klienten erfahren, dass eine durchgeführte Operation nur kurzfristig Heilung brachte.

Wir sind eben kein Gegenstand, der repariert wird, wenn er zu Bruch gegangen ist. Wir haben Gefühle und eine Seele.
Wenn wir traurig sind, lassen wir die Schultern hängen und laufen krumm. Auf Dauer wird das zu Haltungsschäden führen. Der Arzt versucht nun diesen Haltungsschaden zu therapieren. Eventuell mit Einlagen, Physiotherapie, Tabletten oder sogar einer Operation. Aber wer heilt die Gefühle, die dazu geführt hatten, dass die Schultern hingen und wir krumm wurden.
Ist es nicht einleuchtend, auch hier Heilung geschehen zu lassen? Das eine schließt das andere doch nicht aus. Doch so manch einer lehnt das mit dem Brustton der Überzeugung einfach ab und jammert immerzu was ihm alles weh tut.
Diesen Menschen kann leider niemand helfen. Sie werden von einem Arzt zum anderen durchgereicht und beschweren sich weiterhin.
Alles ist Licht und Information wie wir seit Einstein wissen. Und warum sollten wir uns dieses Prinzip nicht zu Nutzen machen.
Ich habe ein Studium der Radiästhesie und es ist eines der wertvollsten Studiengänge, die ich jemals absolviert habe.
Dank meines Teilmedizinischen Fachstudiums zur Pharmareferentin ist es für mich leichter, die Zusammenhänge und dessen Auswirkungen auf Körper, Geist und Seele zu verstehen. Daher sehe ich schneller die Ursachen einer Blockade und kann sie anschließend durch humanergetisches Praktizieren auflösen. Der ganzheitliche Aspekt steht hierbei im Mittelpunkt. Die Ergebnisse sprechen für sich.

Du brauchst allerdings kein Medizinstudium, um für dich
herauszufinden, warum die eine oder andere Sache im Moment
schiefläuft oder warum es ständig hier und da zwickt und zwackt.
Du brauchst lediglich einen Pendel und Freude am
Experimentieren.
Lasse dich von deinen Gefühlen leiten und begleiten. Denn sie
sind ein sicherer Wegweiser wenn es darum geht, wieder ganz
zu werden und zu sein.
Die anschließende Pendeltafel soll dir dabei helfen, aufzuzeigen
was im Moment wichtig und richtig für dich ist.

Freiheitsentzug
Unverstanden
Aufopferung
Ungerechtigkeit
Enttäuschung
Missbrauch
ANGELROSE 7 24

15. MEDIZIN

Zur herkömmlichen klassischen Medizin gibt es durchaus viele
weitere Möglichkeiten, die wir zu unserer Heilung nutzen sollten.
„Medicus curat, natura sanat" wie der Volksmund sagt. Will
heißen, der Arzt behandelt und die Natur heilt.
Seltsamer Weise hilft die allopathische Medizin nicht immer
ausreichend, da die Krankheit oftmals nach einiger Zeit trotz
weitreichender Therapie zurückkehrt.
Woran mag das liegen?
Da der Mensch weitaus mehr ist als sein physischer Körper, sollte
er auch ganzheitlich behandelt werden.
Der Arzt therapiert im klassischen Sinne einseitig. Da in der
Medizin eine mächtige Industrie dahinter steckt, ist es auch nicht
verwunderlich, dass man eher abwertend der Naturmedizin
gegenüber steht.
Aber wie gesagt, im ganzheitlichen Sinne entsteht auch
ganzheitliche Heilung.

Ein Beispiel:
Ein schwer übergewichtiger Mann kommt in eine Arztpraxis. Er
klagt über Schwindel, Atemnot, Knieschmerzen und Magenleiden.
Der Arzt verschreibt ihm ein Mittel gegen den zu hohen
Blutzucker, der den Schwindel möglicherweise hervor brachte.
Ein Blutdruckmittel gegen die Atemnot, die wohl seine
Kurzatmigkeit mit sich brachte, wegen Bewegungsmangel. Er
bekommt Tabletten für den Magen und eine Überweisung zum
Orthopäden. Soweit so gut.
Allerdings fehlt hier die Nachfrage wie es dazu gekommen ist,
dass seine Essgewohnheiten derart ausuferten, dass der ganze
Körper in Mitleidenschaft gezogen wurde.
Ein einfühlsames Gespräch würde dem Patienten sicher helfen.
Es würde ihm vielleicht auch helfen, wenn er mit Gleichgesinnten
darüber sprechen könnte oder wenn er durch Meditation erst
einmal lernen darf, sich selbst und seinen Körper überhaupt
wieder zu spüren, um dann seine innere Leere mit Eigenliebe
aufzufüllen.

Auch hierbei kann uns das Pendel helfen, uns selbst zu finden.
Alte krankmachende Gewohnheiten abzulegen, um so nach und
nach in ein natürliches Leben zurück zu kommen.

Mache dir selbst eine Pendeltafel oder schaue im Internet
danach. Eine schöne Idee ist zum Beispiel:

Was hilft mir jetzt im Moment, weniger an Essen zu denken.
Oder welches Nahrungsmittel gibt mir im Augenblick die meiste
Energie.
Vielleicht auch die Frage nach Vitaminen oder Spurenelementen.
Eventuell aber auch die Frage, welche Art der Bewegung mir
hilft, wieder in Schwung zu kommen. Oder die Frage in welchem
Säurebereich dein Körper sich im Moment befindet.
Du wirst staunen was sich dahinter alles versteckt.

Vielleicht verbirgt sich dahinter auch ein Familienkarma, das du
mit der nächsten Pendeltafel herausfinden kannst.

Notfallblatt für wichtige Notizen:

Vergewaltigung
Gleichgültigkeit
Trennung
Ablehnung
Verrat
Aussichtslos

SAUER
NEUTRAL
BASISCH
0
1
2
3
4
5
6
7
8
9
10
11
12
13
14

16. DER RICHTIGE PENDEL

Es ist vollkommen egal, was für einen Pendel du benutzt. Bei mir war es zunächst eine ganz normale Halskette mit einem Ring daran. Du solltest ihn nur immer bei dir tragen, für den Fall, dass es etwas Wichtiges zu beantworten gibt.
Wenn du unsicher bist, dann frage nach und wiederhole den Pendelvorgang.
Aber achte darauf, dass das nicht ausartet und du solange pendelst bis dir die Antwort auch passt. Das ist nicht Pendeln, das ist Wunschdenken.

Mit der Zeit bekommst du das richtige Gespür dafür und kannst dich sicher fühlen, dass die Antworten auch richtig sind. Auch wenn diese dir nicht immer gefallen werden.

Du kannst dir auch Edelsteinpendel kaufen. Diese mag ich persönlich besonders gerne. Nach jedem Gebrauch reinige ich ihn gründlich unter fließend kaltem Wasser und lade ihn anschießend im Sonnen - oder Mondlicht wieder auf.
Zusätzlich lasse ich die Liebe aus meinem Herzen hinein fließen mit den Worten:
„Ich strahle Liebe nach allen Seiten aus zur vollkommenen Heilung für Körper, Geist und Seele."

Jeder Edelstein Pendel hat seine eigene Bedeutung und Wirkweise. Zufällig erwischt man immer genau den richtigen Edelstein, dessen Energie man am nötigsten braucht.

Es sind ja nicht nur die Frage nach der richtigen Liebe, die richtigen Nahrungsmittel oder der richtigen Lebensweise, die uns beschäftigen. Es gibt immer wieder Situationen denen wir oft mit einem unguten Gefühl begegnen.
Genau da sollten wir das Pendel befragen, wo diese Gefühle herkommen. Es macht wenig Sinn, diese Gefühle zu ignorieren. Das wäre glatt so als wollte ich im Auto die Kontrolllampe für das Öl ausbauen, dass ich nicht ständig daran erinnert werde, etwas dagegen zu tun. Irgendwann entsteht daraus ein größerer Schaden und dann wird es teuer.

Also wenn unser inneres Kontrolllicht aufleuchtet, in Form eines
unguten Gefühls, schauen wir in Zukunft besser gleich hin.
Es sind oft die kleinen Dinge, die uns im Leben weiterbringen.
Eine kleine Kurskorrektur würde uns schon vor großen
Katastrophen bewahren.

Probiere aus wann immer du eine himmlische Unterstützung gut
gebrauchen kannst. Wenn wir aufhören würden, die Zeichen zu
ignorieren, die wir zahlreich auf unserem Weg bekommen, dann
hätten wir in unserem Leben mehr Zeit für die schönen Dinge
und müssten uns nicht mit dem Aufräumen des Scherbenhaufens
befassen, den wir bei uns selbst oder anderen aus
Unachtsamkeit hinterlassen haben.

In diesem Sinne wünsche ich dir für heute und den Rest deines
Lebens, dass jeder Tag dein bester sein wird. Ich hoffe, ich
konnte dir mit diesem kleinen Buch eine Hilfestellung bieten, mit
der du in Zukunft zum Pendel -Experten werden wirst.

Vielleicht hast du mal Lust, mich auf meiner Internetseite zu
besuchen oder auf einem meiner Vorträge zu besuchen. Unter
der Internetadresse www.angelplace.de kannst du in meiner
Homepage stöbern oder mich anschreiben.

Wenn du auf Instagram unterwegs bist findest du mich unter:
vistano.angelplace

Auch kannst du ein Beratungsgespräch mit mir führen, wenn dir
danach ist. Unter www.vistano.com arbeite ich als Angelplace mit
der Beraterkennung 990.

Jetzt bleibt mir abschließend nur noch zu sagen „frohes Pendeln"
und immer alles, schön brav aufschreiben. Vielleicht begegnen
wir uns ja eines Tages. Ich würde mich freuen.

Deine
Claudia Brigitte Weis
ANGELPLACE

Mein besonderer Dank gilt vor allem meiner lieben Freundin und Seelenschwester Nicole Schwab. Ohne sie und ihre Inspiration zu diesem Buch wäre es wohl nie entstanden.

Den Spirit den du mir und so vielen anderen Menschen immer wieder gibst, in deiner wunderbaren Salzgrotte, kann ich jedem nur ans Herz legen, der sich nach Ruhe, Entspannung und Erholung sehnt.
Deine Salzgrotte erinnert an einen Tag am Meer und die gesunde salzige Luft mit dem Rauschen der Wellen tun ihr Übriges dazu. Dieser Tag wird durch deine Tibetische Klangschalen, mit denen du uns im Anschluss der Sitzung verzauberst zu einem wunderbaren Erlebnis, das man niemals vergessen wird.

www.salzgrotte-badwoerishofen.de

Ein herzliches Dankeschön geht auch an Dieudonne Gwet, in dessen Immobilienbüro in Königsbrunn ich meine Bilder präsentieren darf.
Dieudonne hat es sich zum Ziel gesetzt, mit jedem Abschluss, die Welt ein kleines Stück besser zu machen, indem er Menschen in Kamerun hilft, die seine Hilfe dringend gebrauchen können.
Unter der unten angegebenen Webseite, kannst du dir dein eigenes Bild davon machen. Vielleicht magst du ja auch helfen.

https://sicherundreibungslos.com/galerie/